www.ingramcontent.com/pod-product-compliance
Lightning Source LLC
LaVergne TN
LVHW020446070526
838199LV00063B/4862
9789369083312

برگ و ساز

(غزلوں کا مجموعہ)

فاخر جلال پوری

© Fakhir Jalalpuri
Barg-o-Saaz *(Ghazals)*
by: Fakhir Jalalpuri
Edition: March '2025
Publisher :
Taemeer Publications LLC (Michigan, USA / Hyderabad, India)

ISBN 978-93-6908-331-2

مصنف یا ناشر کی پیشگی اجازت کے بغیر اس کتاب کا کوئی بھی حصہ کسی بھی شکل میں بشمول ویب سائٹ پر اَپ لوڈنگ کے لیے استعمال نہ کیا جائے۔ نیز اس کتاب پر کسی بھی قسم کے تنازع کو نمٹانے کا اختیار صرف حیدرآباد (تلنگانہ) کی عدلیہ کو ہو گا۔

© فاخر جلال پوری

کتاب	:	برگ و ساز (غزلیں)
مصنف	:	فاخر جلال پوری
صنف	:	شاعری
ناشر	:	تعمیر پبلی کیشنز (حیدرآباد، انڈیا)
سالِ اشاعت	:	۲۰۲۵ء
صفحات	:	۱۲۰
سرورق ڈیزائن	:	تعمیر ویب ڈیزائن

رفیقۂ حیات

کے نام

"ایں سخن نوریست از خورشیدِ جاں"

سفر زندگی کے لئے برگ وساز
سفر ہے حقیقت حضر ہے مجاز
علامہ اقبالؔ

پیش کلام

اردو شاعری میں جتنے اصناف سخن ہیں سب کی اپنی جگہ ایک اہمیت ہے لیکن جو کشش ورعنائی اور دلکشی صنف غزل کو حاصل ہے وہ کسی اور صنف سخن کو میسر نہیں ۔ غزل جس کا اپنا ایک مخصوص مزاج ہے جو گل وبلبل زلف ورخسار، بادہ وساغر اور حسن وعشق کی معاملہ بندی سے لیکر عصری حسیت تک کو اپنے دامن میں سمیٹے ہوئے ہے جس میں متقدمین سے لیکر آج تک کے ایک مبتدی شاعر کے ذوق حسن وعشق کی جلوہ طرازیاں موجود ملیں گی۔

غزل کے فن کو گلاب کی پنکھڑی سے بھی زیادہ نازک کہہ لیجیے، اس کے خوبصورت آہنگ، کوثر وتسنیم سے دھلی ہوئی زبان اور رعنائیت میں ڈوبے ہوئے لب ولہجے سے جو چیز وجود میں آتی ہے اس کا نام "تغزل" ہے، شاید اسی لئے رشید احمد صدیقی کہہ اٹھے تھے کہ غزل اردو شاعری کی آبرو ہے مگر کسی نے اس بات کو آگے بڑھاتے ہوئے یہاں تک کہہ دیا کہ شاعری ہی نہیں شاعری اور شاعر دونوں کی آبرو ہے ۔

غرض غزل میں حیات وکائنات کی رنگینیوں ورعنائیوں کو جذب کر کے خود رنگین اور دلکش ہو جانے کی ایک بہت بڑی خوبی ملتی ہے. غزل کسی موضوع ومواد کی پابند نہیں، خارجی ود داخلی جذبات وکیفیات ہوں یا عصری مسائل وحالات جو بھی موضوع ہو بس وہ شاعر کی آواز ہو جائے، اب یہ شرط جس سے نبھے اور اس پل صراط سے جو گذر جائے، چنانچہ قلی قطب شاہ سے لیکر آج تک ہر بڑے غزل گو شاعر کا اپنا ایک الگ رنگ ہے اور اس کے کلام کی ایک مخصوص فضا اور آہنگ ہے۔

شاعری انسانی وجود کی ایک ایسی خوشبو ہے جسے بس محسوس کیا جا سکتا ہے، شاعر کی زندگی وذات کے بارے میں' اس کے معاشرے اور کلچر کے بارے میں حساب لگایا جا سکتا ہے مگر شعر کی کیفیت اور ذائقہ منتقل نہیں کیا جا سکتا اور نہ وہ محسوس کرایا جا سکتا ہے۔ جو کچھ شاعر نے شعر کی صورت میں لکھا وہ اس کا ابلاغ ہے اور قاری وسامع جس طرح اُسے سمجھیں گے وہ ان کا ابلاغ ہوگا۔

شاعری میری دانست میں ایک خوش آہنگ مترنم بے اختیاری کا نام ہے میں ابتک شاعری کے بارے میں اتنا ہی جان سکا ہوں' اپنی شاعری کے لیے بھی میرا ایسا ہی خیال ہے۔ شعر لکھنا میں نے کسی نظریئے کے سہارے شروع نہیں کیا تھا اور نہ ابتک کوئی نظریہ تراش پایا، بس میں ایک بات جانتا ہوں کہ میں شاعر ہوں کبھی کبھی مجھے یوں محسوس ہوتا ہے جیسے شعر میری ذات کا ایسا اذیت

ناک جبر ہے جس سے گذر کر مجھے خوشی ہوتی ہے ، اور بعض اوقات یوں محسوس ہوتا ہے ؎

"جبرئیل درآید بہ حرم گاہ ضمیرم"

مجھے شاعری کے اس سفر میں چلچلاتی دھوپ بھی ملی اور نرم نرم سائے بھی' راستے میں کہیں کہیں پتھروں پر بھی چلنا پڑا اور کبھی کبھی خارزاروں سے بھی گذرنا پڑا ، پھول تو پھول بسا اوقات کانٹے بھی راس آئے ہیں ۔ بہر حال راستے میں کسی کہکشاں کی جستجو اور تمنا کبھی نہیں رہی ــــ سفر کو میں نے ایک حقیقت جانا اور اس طرح سے کہ وہ برگ وساز ہے اور وہی "برگ وساز" میری غزلوں کے مجموعہ کی صورت میں سامنے ہے ۔

یہ مجموعہ ترتیب وطباعت کی منزلوں سے گذرتا ہوا جو پایۂ تکمیل کو پہنچا ہے اس میں میرے لائق فرزند ڈاکٹر آفاق فاخری سلمہ' کی جدوجہد اور کاوشوں کا سب سے بڑا دخل ہے ، ورنہ یہ عمل شاید ممکن نہ ہو پاتا ۔

میں آفاق کے احساس فرض شناسی اور جذبۂ سعادتمندی کا اظہار و اعتراف کرتے ہوئے ان کے حق میں دعاگو ہوں ۔

فاخر جلال پوری

یکم اگست ۱۹۹۳ء

بسم اللہ الرحمٰن الرحیم

"اے خدا"

اے خدا، میرے خدا، سب کے خدا
تو ہی تو از ابتدا تا انتہا

وسعتِ کون و مکاں میں ہر طرف
صرف تیرے نور کا اِک سلسِلا

امتحاں گاہِ خلیلی کی قسم
آگ کو تو نے گلستاں کر دیا

نیل کے ساحل پہ موسٰی کے لئے
راستہ دریا میں پیدا کر دیا

مجھ کو ہر ناطاقتی کے باوجود
تو نے جینے کا دیا اک حوصلا

ابن آدم کی ہدایت کے لئے
کر دیئے مبعوث تو نے انبیاؑ

تیری تسبیح و ثنا کے واسطے
قدسیوں کا ایک لمبا سِلسلا

یہ کرشمہ ہے مشیّت کا تری
"ابن مریم" ایک سچّا واقعا

تو جہاں میں روشنی ہی روشنی
اور میں اک ٹمٹماتا سا دیا

میں رہینِ روز و شب ظلمت بدوش
تو ہے لیکن آئینا در آئینا

تیری قدرت کے مظاہر ہیں عجیب
آگ، پانی اور یہ مٹّی ہوا

الغرض برحق تری ذاتِ قدیم
اور سب کچھ حادثا در حادثا

اُمتّی فاخر ترے محبوب کا
مرحبا صلِّ علا صلِّ علا

"مقاماتِ شہِ لولاکؐ"

مجھے یہ مال و زر کیا تختِ دارا و سکندر کیا
شہِ بطحاؐ کا ادنیٰ امتی ہوں اس سے بڑھ کر کیا

عزیز از جاں ہیں کانٹے بھی طیبہ کی ببولوں کے
مرے نزدیک جنت کی کوئی شاخِ گلِ تر کیا

مقاماتِ شہِ لولاک کی رفعت کا اندازہ
لگا پائیں گے جبرئیلِ امیں کے بازوے پر کیا

مرے آقاؐ کا فیضانِ کرم سب کیلئے یکساں
نگاہِ رحمتِ عالم میں کمتر اور برتر کیا

جسے مل جائے سایہ رحمتِ عالم کے دامن کا
تو پھر اس کیلئے ہے گرمیٔ میدانِ محشر کیا

متاعِ جاں ہے مجھ کو ذرہ ذرہ خاکِ طیبہ کا
اب اس کے سامنے تُل پائیں گے یہ لعل و گوہر کیا

حرم کی شام اور صبحِ مدینہ جس نے دیکھی ہو
بہارِ خلد کا اس کی نظر میں کوئی منظر کیا

شفیعِ روزِ محشر کا ہے دامن جس کے ہاتھوں میں
ہے اسکے واسطے دونوں جہاں میں اس سے بہتر کیا

کھجوروں کی چٹائی مرکزِ درسِ ہدایت تھی
حریر و پرنیاں کا پُر تکلّف نرم بستر کیا

عجب اک سلسلا تھا نور کا مشرق سے مغرب تک
عرب کی سرزمیں کیا، آمنہ کا صرف اک گھر کیا

شرف اُن کی غلامی کا میسر ہو جسے فاخرؔ
نگاہوں میں پھر اس کی سطوتِ کسریٰ و قیصر کیا

غزلیں

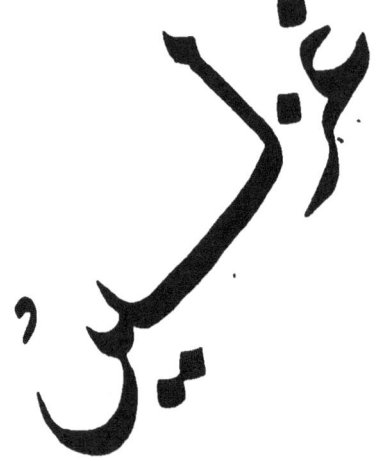

زندگی میں پہلے بھی غم تھا مگر ایسا نہ تھا
سر میں ایسی بے یقینی کا کبھی سودا نہ تھا

آدمی کا خون پانی کی طرح سستا نہ تھا
دامنِ تہذیب پر اتنا بڑا دھبا نہ تھا

جس جگہ تہذیب پہلی بار شرمندہ ہوئی
وہ گلی تھی شہر کی، قصبے کا چوراہا نہ تھا

پہلے گھر گھر میں دلوں کے جیتنے کی بات تھی
جنگ کے خطروں کا اخبارات میں چرچا نہ تھا

کاروبارِ شوق کا بھی اپنا اِک معیار تھا
دل تھا سینے میں وہ کوئی تاش کا پتا نہ تھا

میری غیرت جسم کا سارا لہو یوں پی گئی
جیسے میرا زندگی سے کوئی بھی رشتا نہ تھا

برگ وساز (غزلیں) 16 فاخر جلال پوری

اس لئے اک بے گنہ کی رات پھانسی ہو گئی
کیوں کہ نمبر دو کا اس کے ہاتھ میں پیسا نہ تھا

اور اونچا تھا دلوں کے شیش محلوں کا منار
پتھروں کے عہد میں فاخرؔ جب آئینا نہ تھا

○

یہ ریشمی گیسوؤں کے سائے، بدن کے شعلے کہاں سے آئے
مری غزل کے یہ مہکے مہکے ہوئے سے رشتے کہاں سے آئے

ہم اہلِ دل کا سوال تم سے، ہے شہر فرہاد کی فصیلو!
بتاؤ! شیشہ گروں کی بستی میں سنگریزے کہاں سے آئے

دیہات کی اک اناڑی لڑکی بھی آج من میں یہ سوچتی ہے
ہمارے اس موم جیسے گاؤں میں اتنے لوہے کہاں سے آئے

بہارِ تازہ کے آنچلوں کو جلانے والوں کی انجمن میں
یہ رنگ و خوشبو میں ڈوبے ڈوبے لبوں کے غنچے کہاں سے آئے

میں ایک اک سے بچھڑ گیا ہوں مگر شب غم کے گرد فاخرؔ
میں کس سے پوچھوں گداز باہوں کے نرم حلقے کہاں سے آئے

برگ وساز (غزلیں) 18 فاخر جلال پوری

پیڑ برگد کا پرانا ہوگیا
گاؤں کا ماضی فسانہ ہوگیا

لان کے سرسبز لمحے کا وجود
سایہ سایہ تاجرانہ ہوگیا

ساری پاگل بستیوں کا فرد فرد
اپنے بارے میں سیانا ہوگیا

قافلہ اندھوں کا آدھی رات کو
شہر کی جانب روانہ ہوگیا

اب تو بے موسم بھی کلیوں کے لئے
کچھ ضروری مسکرانا ہوگیا

میرا اک سچ دوستوں کے واسطے
دشمنی کا شاخسانہ ہوگیا

اپنا پھل بے ذائقہ تم کیوں کہو
مجھ سے پوچھو اک زمانہ ہوگیا

تتلیوں کے پر ترنگے ہوگئے
گھر مرا بے آب و دانہ ہوگیا

روز سورج ڈوب کر ابھرے تو کیا
زخم بھی میرا پرانا ہوگیا

بجلیوں کے سائے میں فاخر مرا
ان دنوں اب آشیانہ ہوگیا

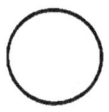

ایک کربِ مستقل میں مبتلا کب تک رہوں
بن کے میں اپنے لیے اک سانحہ کب تک رہوں

زندگی! تیری گلی میں تیرے چورا ہوں پہ میں
بن کے اک بوڑھے گداگر کی صدا کب تک رہوں

اپنے احساسات کی اس چلچلاتی دھوپ میں
خواہشوں کے نرم سائے سے جدا کب تک رہوں

آگ کے دریاؤں کے سیلاب میں گھرنے کے بعد
میں کسی سوکھے ہوئے لب کی دعا کب تک رہوں

منصفانِ شہر کے ایماء پہ لوگو! اس طرح
میں اصولوں کی صلیبوں پر ٹنگا کب تک رہوں

میں اس عہدِ ارتقاء کی جگمگاتی شام میں
بن کے آخر ایک مفلس کا دیا کب تک رہوں

میں فرازِ دار پر اپنے گلے کی رسّیاں
روز سچی بات کہہ کر چومتا کب تک رہوں

صرف مستقبل کی خوش آئند باتوں کے لئے
اپنے ہاتھوں کی لکیریں دیکھتا کب تک رہوں

اب میں فاخرؔ بے یقینی کی اندھیری راہ میں
کاسۂ امید کو لے کر کھڑا کب تک رہوں

تمہارے نام پر زہر اب بھی خوش ہو کے پی لوں گا
مقدر میں اگر جینا لکھا ہو گا تو جی لوں گا

یہ اپنا فیصلہ ہے دل پہ اب جو بھی گذر جائے
تمہاری ہر جفاؤں پر میں اپنے ہونٹ سی لوں گا

اگر تم سے بچھڑنا ہی مقدر ہو گیا اپنا
تو کس کے واسطے سارے زمانے کی خوشی لوں گا

اگر یادوں کی دنیا میں بسانا پڑ گیا تو میں
تری آنکھوں کی مستی، گفتگو کی دلکشی لوں گا

اندھیرے راستے میں جب بھی چلنا پڑ گیا مجھ کو
تصور میں تمہارے ہونٹ بڑھ کر چوم بھی لوں گا

○

اسے بھی وقت کا لوگ ایک حادثا کہتے
قریب تھا کہ تجھے آج ہم خدا کہتے

تمہیں بتاؤ کہ پیاسی زبان سے کب تک
تمہاری ریشمی زلفوں کو ہم گھٹا کہتے

کچھ اتنا ٹوٹ چکے ہیں کہ اے غمِ جاناں
ہم اپنا حالِ غمِ دل کسی سے کیا کہتے

اگر تمہاری نگاہوں کا حوصلہ ملتا
تو پتھروں کو بھی ہم لوگ آئینا کہتے

تمہارا نقشِ کفِ پا ہمیں جہاں ملتا
ہم اس دیار کے ذروں کو دیوتا کہتے

زندگی عشق کے انجام تک آ پہنچی ہے
روحِ تنویرِ سحر شام تک آ پہنچی ہے

گرمیٔ بزمِ مئے و جام بھی رفتہ رفتہ
حلقۂ گردشِ ایّام تک آ پہنچی ہے

ہائے وہ بات اشاروں میں جو ناممکن تھی
اب وہی نامہ و پیغام تک آ پہنچی ہے

مسکرا دو تو اندھیرے کو سہارا مل جائے
ظلمتِ دہر در و بام تک آ پہنچی ہے

وہ خلش جو تھی مری خلوتِ غم تک محدود
اک سکوں بن کے رہِ عام تک آ پہنچی ہے

شامِ میخانہ تری تجھ کو مبارک ساقی
اک نئی صبح مرے جام تک آ پہنچی ہے

آج فاخرؔ میں وہاں ہوں کہ جہاں میرے لئے
شاعری فکر سے الہام تک آپہنچی ہے

○

خیالِ یار تو ہے، ذوقِ جستجو نہ سہی
ہماری آبلہ پائی کی آبرو نہ سہی

نسیمِ صبحِ تمنا گذر گئی کہہ کر
چمن میں پھول تو باقی ہیں رنگ و بُو نہ سہی

مرے جنوں کی عبادت کا ذکر کیا ناصح
حضورِ قلب کی لذت تو ہے وضو نہ سہی

بقدرِ شوق نہ ہے خلوتِ غمِ دل میں
تمہارا ذکر تو ہے میری گفتگو نہ سہی

بس اک نگاہِ کرم ہی بہت ہے، اے ساقی
سرورِ جام، مئے و شیشہ و سبو نہ سہی

ہر ایک ذرہ میں رقصاں ہے، تیرا عکسِ جمال
یہ اور بات ہے پیشِ نگاہ تو نہ سہی

وفا کے نام پہ مرنے کا حوصلہ تو ہے
جہانِ تازہ میں جینے کی آرزو نہ سہی

جہانِ عشق میں تو نام کر دیا میں نے
ترے حضور میں اے دوست سرخرو نہ سہی

گلوں کی شعلہ نوائی بہت ہے اے فاخرؔ
چمن میں نغمۂ مرغانِ خوش گلو نہ سہی

برگ وساز (غزلیں) 27 فاخر جلال پوری

کہاں اہلِ دل اہلِ غم رہ گئے ہیں
ترا ناز اٹھانے کو ہم رہ گئے ہیں

خدا رہ گیا ہے صنم رہ گئے ہیں
مگر پوجنے والے کم رہ گئے ہیں

فقط چند بے نور سجدوں کی خاطر
مقاماتِ دیر و حرم رہ گئے ہیں

غمِ زندگی کے مسائل میں گھر کر
تری زلف کے پیچ و خم رہ گئے ہیں

وفا جس کو کہتے ہیں اب اس پہ قائم
نہ تم رہ گئے ہو نہ ہم رہ گئے ہیں

جہاں سے بھی گذرے ہم ایک بار فاخرؔ
وہاں اپنے نقشِ قدم رہ گئے ہیں

آپ کی نرم یادوں کے ماحول میں میرے نغموں کی جھنکار ہوتی رہی
مسکراتی ہوئی گنگناتی ہوئی آرزؤں کی جے کار ہوتی رہی

بیچ بازار سے وہ گذرتی ہوئی مہوشوں کی مہکتی ہوئی ٹولیاں
دور تک عشق والوں کے پرچم تلے آنکھوں آنکھوں میں للکار ہوتی رہی

چاندنی میں نہایا ہوا وہ بدن اور وہ صبح جوانی کی تازہ کرن
میری تخئیل کی روح فن، آکے جو ذہن شاعر کو بیدار کرتی رہی

وہ تبسم، وہ غمزے، وہ ناز و ادا، چال اٹھلائے جیسے چمن میں صبا
سامنے میرے فاخر عجب طرح سے انکے جلوؤں کی بھرمار ہوتی رہی

چہرہ شاداب دل اُداس لگے
بیچ دریا میں جیسے پیاس لگے

شاہراہوں کا قتل بھی اکثر
ایک دلچسپ سا قیاس لگے

اپنے مقصد کے شیش محلوں میں
کتنے خوش پوش بے لباس لگے

صفحۂ زندگی پہ اب ہر شخص
جیسے تصویرِ التماس لگے

ہائے کیا چیز ہے محبت بھی
دور رہ کر وہ میرے پاس لگے

ان کی غنچہ لبی کا ہر منظر
موسمِ گل کا اقتباس لگے

زندگی کی ہر ایک سچائی
فکر و فن کی مرے اساس لگے

میرے ہاتھوں کے کھردرے پن کو
دیویوں کے بدن کپاس لگے

جتنے تھے میرے قتل میں فاخرؔ
سب مجھے اپنے روشناس لگے

ان کا شرمندۂ اظہارِ تمنا ہونا
مجھ سے دیکھا نہ گیا حُسن کا رسوا ہونا

کس قدر صبر طلب، توبہ شکن تھے حالات
خلوتِ شوق میں ظالم ترا تنہا ہونا

رات چپ تھی، مہ و انجم کی زباں تھی خاموش
غیرتِ حسن کو آیا تھا زلیخا ہونا

میری آنکھوں سے ٹپکتے ہوئے اشکوں پہ نہ جا
آخرِ شب انہیں آجاتا ہے دریا ہونا

عصرِ حاضر کے مسیحاؤ ابھی باقی ہے
روحِ تہذیب کے زخموں کا مداوا ہونا

میں ہوں اس سلسلۂ اہلِ جنوں سے فاخر
سارا گھر جس کے مقدر میں ہے صحرا ہونا

○

تھک گئے اعصاب، سارا جسم ڈھیلا ہوگیا
حسن والوں کا بھی چہرہ پیلا پیلا ہوگیا

ایسی چوٹیں پڑ چکی ہیں میرے احساسات پر
دوستو! اک اک نشاں کا رنگ نیلا ہوگیا

میں چلا جب موسمِ گل کے لبوں کو چومنے
راستے کا ایک اک پتھر نوکیلا ہوگیا

میں تو کہتا تھا کہ جلدی شہر سے لوٹ آؤں گا
پھر تری آنکھوں کا کاجل کیسے گیلا ہوگیا

جب بھی یاد آئی تری زلفوں کے ساون کی بہار
میری ساری عمر کا موسم نشیلا ہوگیا

تم کھجوروں کی ہری شاخوں سے لپٹے رہ گئے
اور مرا دشمن قبیلے کا قبیلا ہوگیا

جب سے فاخرؔ آگیا کشتی چلانے کا شعور
راستا دریاؤں کا تب سے ریتیلا ہوگیا

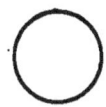

شبنم کی بوند بوند میں شعلوں کا راج ہے
کتنا عجیبؔ موسمِ گل کا مزاج ہے

کب تک کوئی کسی کے بچھڑنے کا غم کرے
مصروف اپنے حال میں سارا سماج ہے

اپنوں کو غیر، غیر کو اپنا بنا گیا
کتنی عجیب تلخ حقیقت " اناج " ہے

جو سبز پوش کر گئے دھرتی کے تخت کو
اُن سربلند لوگوں کا آکاش تاج ہے

جنسِ وفا کو لیکے چلا ہوں یہ سوچ کر
دیکھیں دیارِ غیر کا کیا رواج ہے

شعلوں کو پھول جان کے دامن میں رکھ لیا
اپنے کئے ہوئے کا مگر کیا علاج ہے

فاخر اسے بھی وقت کا اک حادثہ کہو
ہر شخص کھویا کھویا ہوا جب سے آج ہے

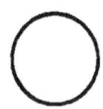

ملا وہ یوں تو سرِ دار مسکرایا ہوا
مگر ضمیر سے اپنے شکست کھایا ہوا

جو قمقموں سے ابھی کل تھا جگمگایا ہوا
لہو میں آج وہی شہر ہے نہایا ہوا

یہ کیا ستم ہے کہ اس فصلِ لالہ و گل میں
چمن بھی کاغذی پھولوں سے ہے سجایا ہوا

تمہیں ثبوتِ وفا دوں بھی میں تو کتنا دوں
مرا خلوص ہے صدیوں کا آزمایا ہوا

جو زد پہ شعلوں کی آئیں یہ بستیاں فاخر
ہمارا ہاتھ رہا برف میں جمایا ہوا

یوں شبِ غم کی سحر ہونے کے آثار لگے
جیسے ہونٹوں پہ کوئی چمپئی رُخسار لگے

شہر کے غنچہ لبو! تم کو یہ ادراک کہاں
زخمِ دل میرا مجھے دولتِ بیدار لگے

ہائے یہ مصلحت اندیشئ دنیا، کہ جہاں
دوستی بھی کوئی سودا کوئی بیوپار لگے

اپنے مقصد کے اندھیروں میں وہ بک جاتے ہیں
جو تعلق کی فضا میں بڑے خوددار لگے

وقت بدلا بھی تو یوں کہ تری زلفوں کے اسیر
اپنے حالات کی باہوں میں گرفتار لگے

میں نے جو شہر بسایا تھا تیری یادوں کا
اب اسی شہر میں جینا مجھے دشوار لگے

اتنا مصلوب ہے احساس ہمارا فاخرؔ
جیسے سچ بول کے ہم خود کو گنہگار لگے

○

کتنے فرہادِ محبت کا مقدر لے گیا
موتیوں کے شہر میں جب کوئی پتھر لے گیا

کون دیکھے کاروبارِ شوق کا یہ حادثہ
ایک پیاسا اپنی آنکھوں میں سمندر لے گیا

گل رُخانِ شہر کی دوشیزگی کا آب و رنگ
گاؤں سے آیا ہوا اِک آئینہ گر لے گیا

ایک ایک انداز سے ہم سادہ دل لوگوں کا دل
مہرباں ہو کر کوئی بن کے سِتمگر لے گیا

میں دیارِ شامِ غم میں دوستوں کا زہر خند
غازۂ صبحِ ازل کا نام دے کر لے گیا

تشنہ میں ہی رہ گیا فاخرؔ بھری برسات میں
وہ بڑا خوش بخت تھا جو جام بھر کر لے گیا

سنہرا، سانولا ہر اک بدن مہکتا ہے
کوئی بھی رنگ ہو دوشیزہ پن مہکتا ہے

عجیب شئے ہے مکمل شبابؔ کا عالم
بہارِ خلد کا بھی پیرہن مہکتا ہے

تمہارے حسن کے عکسِ جمیل سے اب تک
تمام آئینہ انجمن مہکتا ہے

جنوں کے زخم پہ جب کوئی چوٹ پڑتی ہے
بہار رقص میں ہوتی ہے بن مہکتا ہے

تمہارے شہر کے غنچہ لبوں کو کیا معلوم
مرے لہو سے چمن کا چمن مہکتا ہے

خلوص، پیار، محبت، وفا کی خوشبو سے
ہر ایک ذرۂ خاکِ وطن مہکتا ہے

یہ کم نہیں کہ تمہارے وجود سے اب تک
غزل کے نام پہ فاخرؔ کا فن مہکتا ہے

"نذر ابوالکلام آزاد"

جہانِ عشق میں پیدا کیا اس طرح نام اپنا
نہ حاصل کر سکے ابتک فرشتے وہ مقام اپنا

اک ایسا وقت بھی آیا ہے تکمیلِ محبت میں
جفا و ظلم سہنا ہم سمجھ بیٹھے تھے کام اپنا

وہ راہیں جو غبار آلود تھیں ظلمت کے جھونکوں سے
اُنھیں راہوں سے گذرا کاروانِ تیز گام اپنا

ہر اک ذرے کو ہم دوشِ ثریا کر دیا ہم نے
مگر ابتک نہ پہچانا گیا ہم سے مقام اپنا

○

جب ان کے دستِ حنائی سے جام ڈھلتا ہے
قسم ہے دامنِ تقدیس ہاتھ ملتا ہے

جو تم نہیں تو سکونِ نگاہ و دل کیسا ؟
تمہاری یاد سے یہ دل کہاں بہلتا ہے

یہ ڈر ہے شورشِ طوفاں کہیں نہ بن جائے
یہ اشکِ غم مری آنکھوں میں جو مچلتا ہے

کسے خبر کہ دیا میری آرزوں کا
غمِ حیات کی تاریکیوں میں جلتا ہے

اسیر کر نہ سکی اس کو وقت کی زنجیر
وہ آدمی جو زمانے کے ساتھ چلتا ہے

جنوں کا ذکر ہی کیا ہے کہ اب زمانے میں
قدم خرد کا بھی مشکل ہی سے سنبھلتا ہے

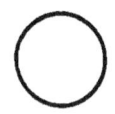

شکوہ چمن سے ہے نہ چمن کی بہار سے
اُلجھا کچھ اس طرح ہوں غمِ روزگار سے

کیا جانے کوئی منزلِ دیر و حرم کی راہ
روشن ہوئی ہے میرے دلِ داغدار سے

اک عمر کا سوال ہے تکمیلِ عشق میں
گھبرا رہا ہوں جذبۂ ناپائیدار سے

بزمِ وفا میں آج وہی سربلند ہے
جو جھک گیا ہے تیری محبت کے بار سے

فاخرؔ خزاں رسیدہ چمن کی فضاؤں میں
بہلا رہا ہوں دل کو امیدِ بہار سے

مجھ کو نہ پوچھئے مری منزل نہ پوچھئے
بربادیٔ حیاتِ غمِ دل نہ پوچھئے

اک موجِ آرزو کے سہارے چلا ہوں میں
بحرِ غمِ حیات کا ساحل نہ پوچھئے

رنگینیٔ بہارِ گلستاں میں کس طرح
خونِ جگر ہوا مرا شامل نہ پوچھئے

مشکل تھا کارِ زیست مگر اے نگاہِ دوست
آسان ہو گئی مری مشکل نہ پوچھئے

فاخرؔ یہ چاند تارے مری گردِ راہ ہیں
میرا مقام اور مری منزل نہ پوچھئے

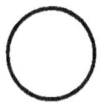

کچھ اس طرح وہ بزمِ تصور میں آ گئے
ہم جیسے ساری دولتِ کونین پا گئے

سجدے میں کتنے دیر و حرم کھنچ کے آ گئے
اپنی جبینِ شوق جہاں ہم جھکا گئے

اوروں سے کیا گلہ کہ محبت کے نام پر
تم بھی طرح طرح سے ہمیں آزما گئے

اکثر یہ سوچتا ہوں کہ اللہ رے اہلِ دل
دشوار کتنا کارِ محبت بنا گئے

فاخرؔ کسے خبر کہ مرے داغ ہائے دل
دیر و حرم کی راہ کو بھی جگمگا گئے

○

تیرے عارض ترے گیسو کا بہاراں ہونا
یاد ہے مجھ کو مرا چاکِ گریباں ہونا

تم سے ممکن نہ سہی درد کا درماں ہونا
آنسوؤں کو تو مرے آتا ہے طوفاں ہونا

اس سے پہلے کہ قیامت کو صدا دے کوئی
میں کہیں دیکھ نہ لوں حسن کا عریاں ہونا

کس کو معلوم کہ اپنے ہی لہو سے ہم نے
ذرّے ذرّے کو سکھایا ہے گلستاں ہونا

ننگ ہے ننگ مری جرأت و غیرت کے لئے
حادثاتِ غمِ دَوراں سے ہراساں ہونا

فکر میں چاہیے اک جذبۂ تعمیرِ حیات
یوں تو فاخرؔ بہت آساں ہے غزلخواں ہونا

کہاں بہار اور کہاں کا رنگِ لالۂ چمن
گلوں نے جب پہن لیا بغاوتوں کا پیرہن

ہے جلوہ ریز آج ساری بزمِ انقلاب میں
بصد ادائے نوعروسِ ارتقاء کا بانکپن

بلند اور ہو گئے ہیں بجلیوں کے حوصلے
قفس سے چھوٹ کے چلا میں جب کبھی سوئے چمن

ہوں مطمئن کہ میری زندگی کی صبح و شام میں
نہ ذکرِ کعبہ و صنم نہ بحثِ شیخ و برہمن

جنوں کی مصلحت پسندیاں نہ پوچھ باغباں
مرے لہو سے اور بھی بڑھا لے سرخیٔ چمن

بلند و پست کیا کہ راہِ عشق میں مرا جنوں
سنبھل گیا تو شیشہ گر، بہک گیا تو کوہ کن

برگ وساز (غزلیں) 48 فاخر جلال پوری

اسے فریب دے سکے نہ راستے کے پیچ و خم
جسے نہ راہبر کی فکر ہے نہ خوفِ راہزن

ذرا یہ لطف دیکھئے ہیں محوِ رقص آج بھی
حقیقتوں کی چھاؤں میں روایتوں کے اہرمن

بھٹک رہا ہوں فاخرؔ آج کل دیارِ غیر میں
نہ میرا کوئی ہم نفس نہ میرا کوئی ہم وطن

بہ ہر نظر ہمیں تسلیم اپنی کم نظری
مگر عجیب ہے تیرا بھی رنگِ جلوہ گری

تڑپ اٹھا ہے دلِ کائنات بھی اکثر
ہوا ہوں جب میں کبھی محوِ نالۂ سحری

فضائے شوق میں لہراؤ دامنِ یوسفؑ
مزاجِ عشق ہے محرومِ ذوقِ خوش نظری

جہاں خرد کا تصور کبھی نہیں پہنچا
وہاں پہ لے گیا مجھ کو جنونِ بے خبری

ہزار کوششِ اہلِ نظر ہوئی لیکن
نہ ہو سکی کبھی حسنِ ازل کی پردہ دری

جنوں کی بات نہ آجائے دامنِ گل تک
اٹھیں گے ورنہ ہزاروں سوالِ بخیہ گری

نہ شوقِ وصل، نہ ذوقِ نیازمندی ہے
تکلفاتِ جہاں سے ہے میرا عشق بَری

وہ دیر ہے وہ حرم ہے وہ کوچۂ محبوبؐ
اب اس کے بعد صبا تیرا فرضِ نامہ بری

غمِ جہاں سے میں ہارا نہیں کبھی فاخرؔ
کہ آرزوؤں سے ہے زندگی کی گود بھری

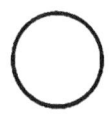

یہ حسن بھی ظالم کیا شے ہے آئے تو قیامت آجائے
زنارِ برہمن ٹوٹ پڑے تسبیحِ حرم تھرا جائے

وہ شہر ہو یا ویرانہ ہو بے پردہ جہاں وہ آجائیں !!
نبضِ غمِ دَوراں ڈوب چلے کونین کا دل تھرا جائے

اب اہلِ جنوں دامن کو رفو کرنے کی قسم کھا بیٹھے ہیں
اب کون کسی لیلیٰ کے لئے پھر قیس بنے صحرا جائے

اے حسنِ چمن کے دیوانو رشتہ ہے چمن سے میرا بھی
ممکن ہے کہ فصلِ گل میں کہیں میرا بھی لہو کام آجائے

تم اپنی نگاہوں کو روکو فاخر یہ عنایت رہنے دو
نازک ہے بہت یہ شیشۂ دل اچھا نہیں گر ٹکرا جائے

جوشِ جنوں کی بات کہیں ہوش تک نہ جائے
ڈرتا ہوں جامِ دانشِ حاضر چھلک نہ جائے

مشقِ ستم پہ قید نہیں بجلیو! مگر
نازک بہت ہے شاخِ نشیمن لچک نہ جائے

اتنا بڑھائیے نہیں زلفوں کے پیچ و خم
منزل بہت ہے دور مسافر بھٹک نہ جائے

آہستہ بے نقاب ہو دیکھ اے جمالِ یار
دیوانہ تیرا ہوش میں آکر بہک نہ جائے

اٹھتا ہوا یہ قد، یہ ابھرتا ہوا شباب
ڈر ہے کہ سلسلہ یہ کہیں حشر تک نہ جائے

فاخرؔ میں سوچتا ہوں کہ اک دن یہ داغِ دل
مانندِ آفتاب افق پر چمک نہ جائے

خوشا نصیب چلے ہیں وہ آج اپنانے
ازل سے جنکی نگاہوں میں ہم تھے بیگانے

جمالِ دیر و حرم شیخ و برہمن تک ہے
کسے نگاہ کہ جلوؤں کو تیرے پہچانے

مرے سوال کا ہر اک جواب خاموشی
یہ کیا کیا مری بے تابیٔ تمنا نے

یہی رہی جو تری التفاتِ چشمِ کرم
تو کون جائے گا دامن کو اپنے پھیلانے

عجب ہیں وقت کی نیرنگیاں کہ اے فاخرؔ
حرم کا بھیس بنائے ہوئے ہیں بتخانے

قفس تو خیر قفس ہے قفس کی بات نہیں
چمن میں آج کوئی گوشۂ نجات نہیں

جو بات ہے مری اک آہِ صبح گاہی میں
جنابِ شیخ کے سجدوں میں بھی وہ بات نہیں

ہمیں نے بڑھ کے ترے میکدے کو رونق دی
ہمیں پہ آج تری چشمِ التفات نہیں

کرم تو جب ہے گناہوں کو درگذر کر دے
گناہ گرچہ مری قابلِ نجات نہیں

نمازِ عشق کے سجدے تو دل سے ہوتے ہیں
فقط جبیں کا جھکانا تو کوئی بات نہیں

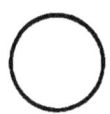

جو نذرِ برق ہوا آشیاں تو کیا ہوگا
چمن ہوا جو رہینِ خزاں تو کیا ہوگا

بھری بہار میں سب بجلیاں زمانے کی
چلیں سمٹ کے سوئے آشیاں تو کیا ہوگا

اگر یہی رہیں بے اعتنائیاں اُن کی
یہی رہی مری رسم فغاں تو کیا ہوگا

فروغِ حسن بہارِ چمن کے دیوانو!
چمن میں لوٹ کے آئی خزاں تو کیا ہوگا

عجیب دَور ہے فاخرؔ یہ خوف ودہشت کا
یہی رہا جو نظامِ جہاں تو کیا ہوگا

نہ راہبر ہے کوئی اور نہ کوئی منزل ہے
غمِ نہاں مری عمرِ رواں کا حاصل ہے

وجودِ شیریں و لیلیٰ تو عین ممکن ہے
نگاہِ مجنوں و فرہاد کارِ مشکل ہے

ڈھلک اے اشکِ غمِ دل کہ آج تیرے بغیر
دھواں دھواں سا ستاروں کا رنگِ محفل ہے

بہارِ تازہ کی رنگت میں اے چمن والو!
کہیں کہیں مرا خونِ جگر بھی شامل ہے

وہ جن کو شورشِ طوفاں سے کھیلتے دیکھا
اب ان کو خوفِ تلاطم ہے فکرِ ساحل ہے

بدل چکی ہے زمانے کی لے مگر فاخر
ابھی چمن میں وہی نالۂ عنادل ہے

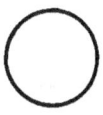

فضاؤں کی پائل چھنکنے لگی ہے تم اب ساز اٹھاؤ غزل کہہ رہا ہوں
نشہ سارے ماحول پر چھا رہا ہے اٹھو اے گھٹاؤ غزل کہہ رہا ہوں

یہ پینے کا موسم، یہ جینے کی راتیں کسی سے گنہگار ہونے کی باتیں
مجھے زہد و تقویٰ میں الجھانے والو ابھی لوٹ جاؤ غزل کہہ رہا ہوں

یہ مہکے ہوئے چاندنی کے نظارے، یہ تنہائیاں یہ ندی کے کنارے
بڑی مست پروائیاں چل رہی ہیں مرے پاس آؤ غزل کہہ رہا ہوں

سر پردۂ درجمی ہیں نگاہیں سجی ہیں تمناؤں کی بارگاہیں!
ستارو ابھی رات ہے تم بھی جاگو انھیں بھی جگاؤ غزل کہہ رہا ہوں

غمِ زندگی سے الجھتے الجھتے تصور کہیں مضمحل ہو نہ جائے
مِرے دل کے زخمو! مرے ساتھ تم بھی ہنسو مسکراؤ غزل کہہ رہا ہوں

زمانے کی ناپاک نظروں سے بچ کر وفا جنکے ہاتھوں میں دم لے رہی ہے
تم اپنے اُس آنچل کو پرچم بنا کر فضا میں اڑاؤ غزل کہہ رہا ہوں

وہ صبحِ جوانی کے نازک سویرے، وہ شامِ محبت کے لمحات فاخرؔ
اے ایامِ رفتہ کی رنگین یادو مجھے یاد آؤ غزل کہہ رہا ہوں

برگ و ساز (غزلیں) 59 فاخر جلال پوری

وہ ستم مجھ پہ ہیں حسینوں کے
دل دھڑکتے ہیں آبگینوں کے

شامِ طوفاں کی تیرگی کی قسم
حوصلے بڑھ گئے سفینوں کے

کر گئے میری فکر و فن کو بلند
ولولے میرے نکتہ چینوں کے

یہ دِوالی کے جگمگاتے دیئے
قافلے جیسے مہ جبینوں کے

دل میں کچھ ہے زباں پہ کچھ فاخرؔ
حال مت پوچھ ہم نشینوں کے

تم اپنے لب کی رنگت گیسوؤں کا خم مجھے دیدو
نہیں کچھ اور تو اتنا ہی کم سے کم مجھے دیدو

مبارک ہوں بہارِ تازہ کی رعنائیاں تم کو
چمن والو خلوصِ گریۂ شبنم مجھے دیدو

غمِ دوراں کے گرم و سرد کا شکوہ کہاں تک ہو
لبوں کے سرد شعلے، آنکھ کی شبنم مجھے دیدو

خلوصِ عشق کا احساس شرمندہ نہ ہو جائے
زمانے بھر کا سارا غم مرے ہمدم مجھے دیدو

نقابِ رخ کی نہ چلمن کی یاد آتی ہے
بس اُن کے عارضِ روشن کی یاد آتی ہے

حوادثاتِ زمانہ کی دھوپ میں اکثر
کسی کے سایۂ دامن کی یاد آتی ہے

ملہار گیت کو ڈھولک کی تھاپ پر سُن کر
کسی کے نقرئی کنگن کی یاد آتی ہے

میں ڈھونڈھتا ہوں گھرَوندوں کا اپنے تاج محل
کبھی تمہارے جب آنگن کی یاد آتی ہے

بہارِ تازہ کے دیوانے تو بہت ہیں مگر
وہ کون ہے جسے گلشن کی یاد آتی ہے

اس عہدِ نو کے غرورِ تجلیات کو بھی
تمہارے حسن کے درپن کی یاد آتی ہے

تصورات کی رنگینیوں میں اے فاخر
دیارِ حسن کے ساون کی یاد آتی ہے

زندگی کے لئے مر گئے ۔۔۔ اس طرح نام ہم کر گئے
کتنی زلفوں کا ساون لئے ۔۔۔ ریگ زاروں کے منظر گئے
خود اندھیروں سے ملنے کو ہم ۔۔۔ روشنی لے کے گھر گھر گئے
گاؤں کے حسن کو دیکھنے ۔۔۔ شہر کے آئینہ گر گئے
میرے احساس کی راہ سے ۔۔۔ کتنے خوابوں کے لشکر گئے
اُن سے ذکرِ وفا سُن کے ہم ۔۔۔ حادثہ جان کر ڈر گئے
ہم تمناؤں کے خون سے ۔۔۔ کاسۂ زندگی بھر گئے
پھول سے جسم والے بھی اب ۔۔۔ پھینک کر مجھ پہ پتھر گئے

اب تو فاخر یقیں ہو چلا
جو گئے دن وہ بہتر گئے

وہ بھی کیا دن تھے جب پیار کے ساز پر گنگناتے رہے ہم کبھی تم کبھی
آنکھوں آنکھوں میں اک خاص انداز سے مسکراتے رہے ہم کبھی تم کبھی

اُف وہ پگڈنڈیوں کے حسیں سلسلے، پیار کے جس پہ گذرا کئے قافلے
ہر نشانِ قدم کا سہارا لئے آتے جاتے رہے ہم کبھی تم کبھی

صندلی بانہوں میں بانہیں ڈالے ہوئے بوجھ اپنے دلوں کا سنبھالے ہوئے
آرزوں کو جھولا جھلاتے رہے گیت گاتے رہے ہم کبھی تم کبھی

ہائے ابرو کی وہ میٹھی میٹھی شکن اس پہ اک خوبصورت سا بیگانہ پن
انتظارِ مسلسل سے گھبرا کے جب روٹھ جاتے رہے ہم کبھی تم کبھی

یوں بھی اکثر ہوا ہے کئی موڑ پر باتوں باتوں میں اک اجنبی کی طرح
اپنی اپنی محبت بنامِ وفا، آزماتے رہے ہم کبھی تم کبھی

وہ محبت کے بڑھتے ہوئے حوصلے فرصتِ یک نظر کی تمنا لئے
یعنی اک غیر محسوس انداز میں چوٹ کھاتے رہے ہم کبھی تم کبھی

شبنمی رات وہ چاندنی کا سماں اور وہ فاخر گنہگار تنہائیاں
جب نگاہوں کے ساغر سے چھلکی ہوئی پی کے ماتے رہے ہم کبھی تم کبھی

غزلکدے کی فضاؤں سے مطمئن نہ ہوا
جو سازِ دل کی نواؤں سے مطمئن نہ ہوا

یہ سوچ کر کہ چمن سے دھواں نہ اٹھا ہو
مرا خیال گھٹاؤں سے مطمئن نہ ہوا

قسم ہے وقت کے آذرکدے میں دل اپنا
ان عصرِ[له] نو کے خداؤں سے مطمئن نہ ہوا

گناہ ایسے بھی کچھ ہو گئے کہ اپنا ضمیر
حضورِ حق بھی دعاؤں سے مطمئن نہ ہوا

گذر چکا ہے زمانہ مگر دلِ انساں
ابھی تک اپنی خطاؤں سے مطمئن نہ ہوا

وطن کے نام پہ سب کچھ لٹا دیا پھر بھی
زمانہ میری وفاؤں سے مطمئن نہ ہوا

له ارباب نظر سے معذرت خواہ ہوں ۔ (فاخر)

وہ بادہ نوش بڑا بدنصیب ہے فاخرؔ
جو اُن کی زلف کی چھاؤں سے مطمئن نہ ہوا

برگ وساز (غزلیں) 68 فاخر جلال پوری

غالب صد سالہ برسی ۱۶ر فروری سنہ ۶۹ء کی ایک تقریب میں پڑھی گئی

آدمی صرف اک خدا نہ ہوا
ورنہ دنیا میں اور کیا نہ ہوا

اُن کے اندازِ التفات پہ بھی
ہم سے اظہارِ مُدعا نہ ہوا

کچھ تو وہ بھی تھے کسمسائے ہوئے
کچھ ہمارا بھی حوصلہ نہ ہوا

فخر مجھ کو یہ ہے کہ میری طرح
کوئی آمادۂ وفا نہ ہوا

ہم سے جو ہو گیا محبت میں
حق فرشتوں سے وہ ادا نہ ہوا

تم جُدا ہو گئے تمہارا خیال
دل سے ابتک مگر جدا نہ ہوا

یہ ہے اچھا کہ آج فاخر کا
کوئی بھی درد آشنا نہ ہوا

خدا کرے نہ کوئی یوں خرابِ حال رہے
کہ زندگی کے لئے زندگی وبال رہے

تمہاری زلف کے سائے سے اوجِ دار تلک
جہاں بھی ہم رہے آپ اپنی اک مثال رہے

مقامِ عشق کے عظمت شناس دنیا میں
ہمیشہ کم رہے اور وہ بھی خال خال رہے

دیارِ قدس میں بھی پینے والے پی لیں گے
مگر یہ شرط ہے کہ ماہِ برشگال رہے

اجالے وقت کے بے نور ہو کے رہ جائیں
اگر نہ اُن پہ ترا پرتوِ جمال رہے

کبھی زمیں تو کبھی عرش پر ملے فاخرؔ
ازل سے آج تک ہم لوگ اک سوال رہے

یہ وفا کی شرط بھی خوب ہے کہ ستم کو عین کرم کہیں
بڑی کشمکش میں ہے زندگی کہ جو تم کہو وہی ہم کہیں

میں خلوصِ درد کی لاج میں کبھی کچھ کسی سے نہ کہہ سکا
وہ حکایتِ من و تو مگر بزبانِ دیدۂ نم کہیں

کہاں اہلِ دل کے وہ قافلے کہاں پیار کے وہ سلسلے
جو کسی کے عہدِ شباب کو بھی بہارِ باغِ ارم کہیں

یہ خلوصِ غم کا کمال ہے یہ ہمارے ضبط کا حال ہے
جو ہمارے دل پہ گذر رہی ہے، اسے بھی آپ سے کم کہیں

وہ جہاں کہ سجدے ادا ہوئے ہیں محبتوں کی نماز کے
اسے آستانِ حرم کہیں کہ تمہارا نقشِ قدم کہیں

قطرے کی بات ہے نہ سمندر کی بات ہے
تشنہ لبوں کے صرف مقدر کی بات ہے

کچھ لوگوں کی زبان پر آج اپنے شہر میں
شیشہ گری کے نام پہ پتھر کی بات ہے

اس درجہ گھُل اٹھا ہے چمن کی فضا میں زہر
کلیوں کی انجمن میں بھی خنجر کی بات ہے

ہم کج کلاہ حسن شناسوں کی بزم میں
دارا کی بات ہے نہ سکندر کی بات ہے

اہلِ خرد کے حلقۂ فکر و خیال میں
ہر شام صبحِ نو کے پیمبر کی بات ہے

مقتل سے لیکے کوچۂ جاناں کے موڑ تک
اب بھی اک اک ادائے ستمگر کی بات ہے

بوجھل قدم قدم ہے انا کے دباؤ سے
منزل کا تذکرہ ہے نہ رہبر کی بات ہے

یہ کم نہیں کہ حلقۂ یاراں میں آج بھی
فاخرؔ کے شعر میں ترے پیکر کی بات ہے

فکر ہی فکر ہے عمل ہے کہاں
یوں کسی مسئلے کا حل ہے کہاں

بولتے، چلتے، پھرتے لوگوں کا
سب تو ہے، چہرہ آج کل ہے کہاں

پیڑ جو بچ گئے حویلی کے
صرف سایہ ہے اسمیں پھل ہے کہاں

زندہ جو دوسروں کی خاطر ہیں
ان کے حصّے میں پھر اجل ہے کہاں؟

کہکشاں، چاند اور قوسِ قزح
یہ ترے حسن کا بدل ہے کہاں

آئے خود کائنات قدموں میں
یوں ارادہ ابھی اٹل ہے کہاں

میر و غالب کے بعد اے فاخر
ہے تغزل مگر غـــزل ہے کہاں

میں آپ کا ہوں آپ مرے ہیں یہ کم نہیں
اب اس کے بعد مجھ کو زمانے کا غم نہیں

مجھ پر کئے ہیں آپ نے کیا کیا ستم نہیں
یہ اور بات ہے کہ مری آنکھ نم نہیں

اس دورِ ارتقاء میں خلوص و وفا کے ساتھ
گذرا وہ حادثہ جو قیامت سے کم نہیں

ہو کس سے راہِ عشق کی دشواریوں کی بات
اب زلفِ یار میں بھی کوئی پیچ و خم نہیں

کوئے بتاں ہو دیر و حرم ہو کہ بامِ عرش
دیکھو، کہاں کہاں مرا نقشِ قدم نہیں

پہلے شریکِ غم تھا زمانہ ہر ایک کا
یہ کیا کہ اب کسی کا کسی کو بھی غم نہیں

آواز دے رہی ہیں محبت کی منزلیں
آئی کہ میری راہ میں دیر و حرم نہیں

جس میں نہ ہو بلندیِ کردار جلوہ گر
فاخر مری نگاہ میں وہ محترم نہیں

رنگ و بو مانگے نہ یہ رقصِ صبا مانگے ہے
فصلِ گل بس ترے دامن کی ہوا مانگے ہے

ہائے کیا چیز ہے یہ دردِ محبت یارو
ہر نفس ایک نئی شرطِ وفا مانگے ہے

اپنا سب کچھ رہِ جاناں میں لُٹا آیا ہوں
مجھ سے اب اے غمِ امروز تو کیا مانگے ہے

ظلمتِ وقت سرِ شام سے با دیدۂ نم
اک نئی صبح کے ہونے کی دُعا مانگے ہے

محفلِ دانشِ حاضر کے طرب زادوں سے
وقت ہر ساز کا آہنگ نیا مانگے ہے

فکر و فن کے نئے معماروں سے تاثیرِ غزل
میرؔ کے سوز میں غالبؔ کی نوا مانگے ہے

تیرگیٔ شبِ تنہائی میں فاخرؔ ان کی
مسکراتی ہوئی یادوں کا دیا مانگے ہے

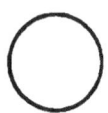

جنوں کی بات اگر آگہی سے بہتر ہے
تو موت میرے لئے زندگی سے بہتر ہے

غمِ حیات کا دانائے راز ہو جانا
ہمارے عصر کی اس آگہی سے بہتر ہے

اگر دلوں میں ہو گنجائشِ خلوص تو وہ
نمود و نام کی اس زندگی سے بہتر ہے

ہزار گردشِ دَوراں کے باوجود ابھی
تمہارے درد کی لَو چاندنی سے بہتر ہے

کسی غریب کی کٹیا کا اک دیا فاخرؔ
اس ارتقاء کی ہر اک روشنی سے بہتر ہے

یہ تری نظر کے پیالے، یہ شباب کے اجالے
انھیں دیکھ کر کہاں تک کوئی اپنا دل سنبھالے

اے امارتوں کے پالے او سنہرے جسم والے
ہے کسی غریب کا دل ترے حسن کے حوالے

رہِ خلد کی جبیں سے بھی غزل کا نور برسے
کوئی راہ چلتے چلتے جو نقابِ رُخ اٹھالے

جو جھلس کے رہ گئے ہیں کڑی دھوپ میں خزاں کی
وہی پھول سے بدن تھے کبھی فصلِ گل کے پالے

کئی نسل کا لہو ہے ترے شہر کی رگوں میں
جسے دے چکے ہیں فاخرؔ مرے گاؤں کے جیالے

تم جو مل جاؤ تو پھر اور تمنّا کیا ہے
خضر کیا چیز ہے اے دوست مسیحا کیا ہے

لوٹ لیتے ہیں جو ہر تازہ بہاروں کا شباب
جانے پھر ان کا چمن سے مرے رشتا کیا ہے

تیرا غم جس کو میسّر ہو تو پھر اس کے لئے
فکرِ امروز اور اندیشۂ فردا کیا ہے

کیوں نہ حالات سے ہم خود کو ہم آہنگ کریں
دوستو! تلخیٔ حالات کا شکوا کیا ہے

خلوص، پیار تعلق کا اک بہانہ ہے
عجب مفاد پرستی کا یہ زمانہ ہے

ہیں جیسے اور کئی کام اہلِ دنیا کو
اسی طرح کا بس اک کام دل لگانا ہے

تمہارا پھول کی چھاؤں میں دل دھڑکتا ہے
ہمارا برق کے سائے میں آشیانہ ہے

عجیب بات ہے جو حسن کی ادا ٹھہری
وہ اہلِ عشق کی غیرت کو تازیانہ ہے

ہمارا نقشِ وفا جیسے آج ان کے لئے
ہمارے جرم مسلسل کا شاخسانہ ہے

بنامِ کفر بھی ہوتی ہے بات ایماں کی
یہ مصلحت کا زمانہ بھی کیا زمانہ ہے

یہی بہت ہے مرے واسطے چمن والو
چمن میں خیر سے کہنے کو اک ٹھکانہ ہے

غزل کے شعر میں فاخرؔ حیات کا مفہوم
بڑا کمال ہے اور جوئے شیر لانا ہے

وہ بھی کیا بہاریں تھیں وہ بھی کیا زمانہ تھا
گُل رخوں سے جب میرا ربط والہانہ تھا

تم تو مطمئن سے تھے شاخِ گل کے سائے میں
برق کے نشانے پر میرا آشیانہ تھا

ہائے ان کے زلفوں کی نرم نرم چھاؤں میں
زندگی کا ہر لمحہ کتنا شاعرانہ تھا

تم مجھے دعائیں دو شہر کے غزالا وَ
ورنہ شہر میں تم کو کس نے پہلے جانا تھا

اُف رے اس تجاہل کی آگہی ارے تو بہ
اک طرف نگاہیں تھیں اک طرف نشانہ تھا

نرم نرم گیسو کا، گرم گرم پہلو کا
سوچتا ہوں وہ لمحہ کتنا کافرانہ تھا

ان کے عارض ولب کی وہ بنفشئی رنگت
جس کے لمس میں فاخرؔ کیف دلبرانہ تھا

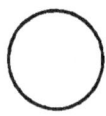

تھے گل و لالہ کہاں زخمِ جگر سے پہلے
اشکِ شبنم تھے کہاں دیدۂ تر سے پہلے

جب بھی تاریک ہوئیں دیر و حرم کی راہیں
اک کرن پھوٹی مرے داغِ جگر سے پہلے

رہ نماؤں نے دیئے ہیں وہ فریبِ منزل
دل دھڑک اٹھتا ہے آغازِ سفر سے پہلے

کوئی عنوان شبِ غم کی درازی کا نہ تھا
اک تری زلفِ سیہ تا بہ کمر سے پہلے

تھی کسے تاب زمانے میں ترے جلوؤں کی
تیرے اس خستہ و بربادِ نظر سے پہلے

تیرے گیسو ترے عارض کی بہاروں کا مزاج
کس نے سمجھا ہے مری شام و سحر سے پہلے

ماں یہی کارگہہِ حسن و محبت فاخرؔ
کتنی بے رنگ تھی تخلیقِ بشر سے پہلے

برگ وساز (غزلیں) 89 فاخر جلال پوری

زلف کی خوشبو، آنکھ کا کاجل، ہونٹ کی لالی لالی ہے
جب سے کسی نے اس سے کہا تو جیسے مری گھروالی ہے

تیرے بغیر اے جانِ غزل کیا ہوگیا جانے موسم کو
ہونٹ بھی پیاسے پیاسے ہیں اور جام بھی خالی خالی ہے

دھوپ مرے کمرے میں بسیرا لینے آئی ساون میں
بھوک اُگی ہے بستی بستی جنگل میں ہریالی ہے

کتنے بے چہرہ لوگوں سے شہر شہر ہنگامہ ہے
گاؤں کے لمبے چوڑے گھر کا ہر آنگن اب خالی ہے

اس کے ہاتھوں کون دکھائے گا آئینہ موسم کو
مہکا مہکا جسم ہے اس کا یا پھولوں کی ڈالی ہے

اکثر یہ محسوس ہوا جب خط آیا ہے اس کے نام
گوری گوری پیشانی پر بندیا کالی کالی ہے

ہم نے فاخرؔ دیکھا ہے کہ اپنی انا کے پردے میں
کتنے ہاتھ بھکاری ہیں اور کتنی آنکھ سوالی ہے

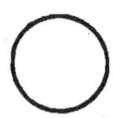

بوئے گل ، رقصِ صبا ، برگِ سمن یاد آیا
تم جو یاد آئے مجھے سارا چمن یاد آیا

جب کبھی آیا ہے تیرے قد و گیسو کا خیال
دیر تک سلسلۂ دار و رسن یاد آیا

مطمئن تھا میں ترے عہدِ وفا سے لیکن
وہ تو کہیے کہ زمانے کا چلن یاد آیا

تیری زلفوں کو کبھی چھیڑ کے گذری جو نسیم
اہلِ دل جھوم اٹھے ، شہرِ ختن یاد آیا

جیسے لہراؤں فضاؤں میں وفا کا پرچم
یوں شہیدانِ محبت کا کفن یاد آیا

غمِ دوراں کی کڑی دھوپ میں چلتے چلتے
جانے کیوں سایۂ دیوارِ وطن یاد آیا

ہم نے دیکھا جو کبھی ان کا سراپا فاخرؔ
حافظؔ و جامیؔ و خیامؔ کا فن یاد آیا

بھاگلپور فرقہ وارانہ ۱۹۸۹ء فساد سے متاثر ہو کر

چند ٹکڑے کیا زمیں کے بٹ گئے
جسم و جاں کے سارے رشتے کٹ گئے

خون سے سینچی گئی دھانوں کی فصل
اور لاشوں سے کنوئیں تک پٹ گئے

سیدھے سادے گاؤں کے چوپال میں
پھول سے چہرے دھوئیں میں اٹ گئے

آنچلوں کی دیکھ کر لٹتی بہار
کتنے موسم کے کلیجے پھٹ گئے

گوریوں، متوالیوں پر بند تھے
گھر سے جتنے راستے پنگھٹ گئے

جو اہنسا کے پجاری تھے وہی
اپنے آدرشوں سے پیچھے ہٹ گئے

ایکتا کو اک چتا کی شکل میں
لوگ کاندھوں پہ لئے مرگھٹ گئے

برگ وساز (غزلیں) 95 فاخر جلال پوری

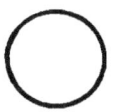

میرا تو صرف زخمِ تمنا ہرا ہوا
مجھ سے بچھڑ کے حال ترا جانے کیا ہوا

تیرے بغیر اب کے برس فصلِ گل میں بھی
موسم کا جسم جیسے ہے کچھ کچھ تھکا ہوا

ہر ہر قدم پہ دن کے اجالے میں منصفو!
اب جیسے سارا شہر ہے چمبل بنا ہوا

سچ بولنا اس عہد کا سب سے بڑا ہے جرم
کل ہر فراز دار پہ ہوگا لکھا ہوا

پورا وجود ان کا یوں فاخرؔ مجھے لگا
جیسے غزل کا شعر مکمل کیا ہوا

پھول کی آڑ میں برسا کئے پتھر کیا کیا
مہرباں بن کے نظر آئے ستمگر کیا کیا

ہم تو مجبور رہے خوفِ وفا سے اپنی
ورنہ یوں ہم کو ملے آپ سے بہتر کیا کیا

چاند کو چہرہ کہا، زلف کو ساون کی گھٹا
تم کو تو ہم نے کہا اس سے بھی بڑھ کر کیا کیا

صلح کے نام پہ اس شہرِ وفا میں لوگو!
آستینوں میں چھپائے گئے خنجر کیا کیا

شیشہ و رنگ کبھی، جلوۂ صد رنگ کبھی
آدمی کے بھی ہیں دنیا میں مقدر کیا کیا

میرؔ و غالبؔ کا غزل میں کوئی ہمسر نہ ہوا
اک سے اک آئے گئے کتنے سخنور کیا کیا

بے رخی، خامشی اور کم نگہی میں فاخرؔ
ان کے اندازِ تغافل کے ہیں تیور کیا کیا

○

سکونِ قلب ، تسکینِ نظر تم
نشاطِ روح ، منظورِ نظر تم

فروغِ جلوۂ شمس و قمر تم
بہار لالہ رو، خلدِ نظر تم

تمنائے دلِ مضطر کا حاصل
دعائے صبح گاہی کا اثر تم

دیارِ حسن میں اے دوست اکثر
جدھر دیکھا نظر آئے اُدھر تم

مری ہر بیکسی کا ہو سہارا
مری بیچارگی کے چارہ گر تم

دل مایوس کی امید تم ہو
مری شامِ الم کی ہو سحر تم

ہجومِ غم سے دل گھبرا رہا ہے
کبھی فاخرؔ کی بھی لینا خبر تم

یہ میں نے کیا کیا اظہارِ مدعا کر کے
ہوں کھویا کھویا سا جیسے کوئی خطا کر کے

مری وفا کو بہت آزما چکی دنیا
لو تم بھی دیکھ لو کچھ اور آزما کر کے

پئے سلام کوئی جیسے آئینہ دیکھے
نظر جھکا کے اور اک ہاتھ کو اٹھا کر کے

عجب نہیں کہ فرشتے بھی ہوش کھو بیٹھیں
ترے وجود کو تنہا قریب پا کر کے

مجھے یہ غم کہ ترے ساتھ ساتھ چل نہ سکا
اگرچہ میں ترے نقشِ قدم کو پا کر کے

چمن میں کتنا اجالا کروگے اور کبتک
میں دیکھتا ہوں مرا آشیاں جلا کر کے

وہ مصلحت کا پجاری نہ بن سکا فاخرؔ
جو مطمئن ہے محبت کا حق ادا کر کے

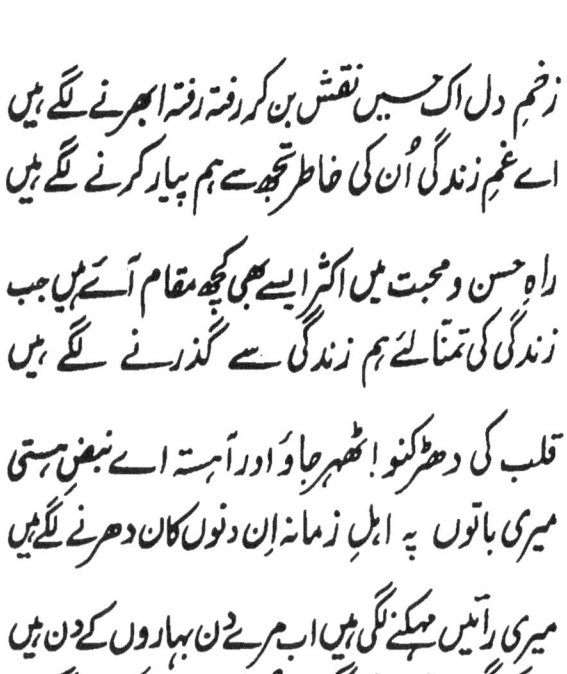

زخمِ دل اک حسیں نقش بن کر رفتہ رفتہ ابھرنے لگے ہیں
اے غمِ زندگی اُن کی خاطر تجھ سے ہم پیار کرنے لگے ہیں

راہِ حسن و محبت میں اکثر ایسے بھی کچھ مقام آئے ہیں جب
زندگی کی تمنا لیے ہم زندگی سے گذرنے لگے ہیں

قلب کی دھڑکنو! ٹھہر جاؤ اور آہستہ اے نبضِ ہستی
میری باتوں پہ اہلِ زمانہ اِن دنوں کان دھرنے لگے ہیں

میری راتیں مہکنے لگی ہیں اب مرے دن بہاروں کے دن ہیں
ان کے گیسو سنورنے لگے ہیں اُن کے عارض نکھرنے لگے ہیں

شکریہ اے غمِ دوست تیرا آخرِ شب بہے ہیں جو آنسو !
موتیوں سے فرشتے اے فاخرؔ اپنے دامن کو بھرنے لگے ہیں

لب پہ ہو لاکھ ہنسی دل کو مسرت تو نہیں
زخمِ دل تم کو دکھاؤں مری عادت تو نہیں

اِن دنوں سرد ہے کیوں حوصلۂ مشقِ ستم
میرے ہونٹوں پہ کوئی حرفِ شکایت تو نہیں

آج کیوں پھیکے ہیں تیرے لب و رخسار کے رنگ
خونِ دل کی مرے اے دوست ضرورت تو نہیں

بدگماں مجھ سے زمانے کی نظر ہے تو رہے
آپ کو مجھ سے مگر کوئی شکایت تو نہیں

جگمگا اٹھا محبت کا جہاں اے فاخر
میرے دامن پہ کہیں اشکِ ندامت تو نہیں

برگ وساز (غزلیں) 106 فاخر جلال پوری

○

کٹ گئی عمر خوش اداؤں میں
زلف کی نرم نرم چھاؤں میں

شہر میں ہے نہ اب وہ گاؤں میں
جو سکوں تھا کبھی گپھاؤں میں

ایک ذرہ سہی مگر پھر بھی
ذکر ہے میرا کہکشاؤں میں

میں نے تم کو خدا سے مانگا تھا
آخرِ شب کبھی دعاؤں میں

اُف یہ گل بوسئ نسیم و صبا
زہر ہی زہر ہے فضاؤں میں

ہم وہ منزل شناس ہیں فاخرؔ
آبلے پڑ گئے ہیں پاؤں میں

جب بھی ماضی کی کوئی شئے بخدا یاد آئی
اے مری جاں تری اک ایک ادا یاد آئی

بارہا مجھ کو تصور کے شفق زاروں میں
اک ترے ہاتھوں کی سرخیٔ حنا یاد آئی

کیا ستم ہے کہ بس اک تیرا خیال آتے ہی
چاندنی، موسمِ گل، بادِ صبا یاد آئی

گاؤں سے شہر کو جاتے ہوئے مجھ کو اکثر
تیرے سوکھے ہوئے ہونٹوں کی دعا یاد آئی

غمِ دوراں کی کڑی دھوپ میں چلتے چلتے
ٹھنڈی ٹھنڈی ترے آنچل کی ہوا یاد آئی

یاد آتے ہی تری، عالمِ تنہائی کی
خوبصورت سی کئی ایک خطا یاد آئی

تیری زلفوں کی حسیں چھاؤں میں دم لینے کو
میں نے سوچا تھا کہ ساون کی گھٹا یاد آئی

شب کے سناٹے میں آنگن کے کسی گوشے سے
تیرے پازیب کی ہلکی سی صدا یاد آئی

مدتوں اپنی غریب الوطنی میں فاخر
ہم کو بے مہری ارباب وفا یاد آئی

○

زمیں پہ چاند بلانے کے دن تمام ہوئے
دلوں پہ زخم لگانے کے دن تمام ہوئے

کسی کی یاد میں اختر شماریاں کر کے
وہ ساری رات گنوانے کے دن تمام ہوئے

بس ایک وعدۂ موہوم پہ کسی کا مجھے
نیاز مند بنانے کے دن تمام ہوئے

کسی کی آنکھوں سے زلفوں کے نرم سائے میں
شراب پینے پلانے کے دن تمام ہوئے

کہاں نصیب کسے فرصتِ نظر یارو!
دیارِ حسن میں جانے کے دن تمام ہوئے

اک انتظارِ مسلسل میں دیدۂ و دل کو
فرشِ راہ بنانے کے دن تمام ہوئے

کسی کے عشق کی دیوانگی کے عالم میں
فرازِ دار پہ جانے کے دن تمام ہوئے

ہر ایک شخص خود اتنا انا گزیدہ ہے
کسی کے ناز اٹھانے کے دن تمام ہوئے

میں آگیا تھا، میں آیا، میں آرہا ہوں ابھی
تمام حیلے بہانے کے دن تمام ہوئے

کسی گلی کے کسی موڑ پر وہ مڑ مڑ کر
نقابِ رُخ کو اٹھانے کے دن تمام ہوئے

کسی کا کہنا کسی سے کہ تم بڑے "وہ" ہو
وہ لمحے اور وہ زمانے کے دن تمام ہوئے

وہ سر بہ زانو اداؤں کے ساتھ ساتھ کبھی
غزل کے شعر سنانے کے دن تمام ہوئے

کسی کے عارض ولب سے کوئی شئے نایاب
کبھی کبھار چرانے کے دن تمام ہوئے

سکوتِ شب میں وہ باہوں میں ڈال کر باہیں
وہ چاندنی میں نہانے کے دن تمام ہوئے

کسی کے عارض و رُخ کے حسین جلوؤں کو
نگاہ و دل میں بسانے کے دن تمام ہوئے

کسی کی نیم نگاہی کے سحر و افسوں کو
قدم قدم پہ جگانے کے دن تمام ہوئے

دلوں کی موت کا شاید یہ عہد ہے فاخرؔ
کسی کو اپنا بنانے کے دن تمام ہوئے

ہجومِ رنگ و بو، رقصِ صبا اچھا نہیں لگتا
بہارِ نو کا اب یہ سلسلا اچھا نہیں لگتا
غمِ دوراں کی لمبی دھوپ میں چلنا پڑا جب سے
تمہارے گیسوؤں کا سلسلہ اچھا نہیں لگتا

عشق میں دل کو گرفتار ہوئے دیر ہوئی
اہتمامِ رسن و دار ہوئے دیر ہوئی
مجھ سے آنکھیں تو ملا میری زلیخائے غزل
تجھ کو رسوا سرِ بازار ہوئے دیر ہوئی

تیری بکھری ہوئی زلفوں کے اڈتے بادل
اُف یہ رنگِ لب و رخسار، جوانی کے کنول
جیسے فطرت نے ترے ساز پہ چھیڑا ہو کہیں
کسی خیام کا نغمہ کسی حافظ کی غزل

کھلے نہ پھول اگر بوئے مشکبار کے ساتھ
نہ مسکرائے کلی اپنے اختیار کے ساتھ
تو ایسے باغباں ایسے چمن کو میرا سلام
کہ جب بہار نہیں حاصلِ بہار کے ساتھ

سنی جو شیخ و برہمن کی گفتگو میں نے
تو بحث دیر و حرم کے سوا کچھ اور نہیں
جو زندگی کے حقائق پہ کی نظر میں نے
تری نگاہِ کرم کے سوا کچھ اور نہیں

لذتِ شوق میں کیفیتِ غم بھول گئے
اک تری یاد میں ہم دیر و حرم بھول گئے
صبحِ فردا کی امیدوں کے سہارے اے دوست
غمِ امروز کو با دیدۂ نم بھول گئے

یہ بزمِ رامش و رنگ اور ہجومِ نغمہ و نور
یہ دیر و کعبہ کی باتیں، یہ ذکرِ حور و قصور
اگر خلوص کی لذت سے ننگ ہیں فاخر
مجھے کبھی بھی کسی حال میں نہیں منظور

اے غمِ عشق یہ سانحہ ہے عجب ان کا تیرِ نظر دل پہ کھانا پڑا
زندگی میں کچھ ایسے مقام آئے ہیں زہرِ غم پی کے بھی مسکرانا پڑا
وہ تصور کی راہوں سے کچھ اس طرح دل کی گہرائیوں میں اترتے گئے
جلوۂ دیر و کعبہ خدا کی قسم یاد وہ آئے تو بھول جانا پڑا

تجھے یاد ہوگا یہ کہ میری ٹھوکروں میں ساقی
کبھی سارا میکدہ تھا مری بیخودی سے پہلے

فولاد کا دل اپنا، پتھر کا جگر اپنا
ساون میں بھی دیکھا ہے جلتے ہوئے گھر اپنا

حق کی آواز تو ہوتی ہے زمانہ میں بلند
آج لیکن کوئی منصور سرِ دار نہیں

ساقی! ترے نثار کہ ساغر میں آج مَیں
تو حکم دے تو ساری گھٹاؤں کو گھول دوں

ہزاروں مجنوں و فرہاد اس سے بیخبر ہوں گے
کہ دل کا دل سے مِل جانا کوئی آسان نہیں ہوتا

لاکھ ہوں گر مہ و انجم کے نظارے تو کیا
تیرا ہونا تو نظارے کا نظارا ہوتا

آشیاں خاک ہو جائے لیکن
آنچ گلشن پہ نہ آنے پائے

زہے وہ حرفِ تمنا کہ جس پہ اکثر بار
نگاہ نیچی کئے ان کا مسکرا جانا

بار ہا تیرے عارض و رخ کو
خونِ دل نے مرے نکھارے ہیں

شامِ طوفاں کی تیرگی سے پرے
صبحِ امید کے کنارے ہیں

پوچھتا کیا مرا مقامِ خودی
گردِ منزل یہ چاند تارے ہیں

جو تمنا تھی فاخر بقیدِ خوشی
وہ رہینِ غمِ معتبر ہو گئی

جس کی رگیں خالی ہوں لہو سے
کیا جانے وہ دل کا شرارا

تمنائے دلِ مضطر کا حاصل
دعائے صبح گاہی کا اثر، تم

عقیدت شرط ہے دیر و حرم کیا
مذاقِ بندگی ہے اور میں ہوں

خوشا ان کی تکلم آفرینی
حدیثِ دلبری ہے اور میں ہوں

عشق اور وہ بھی اک بے وفا سے
زندگی کی تمنا قضا سے

جو فرشتے اٹھا نہیں سکتے
میں وہ بارِ الم اٹھاتا ہوں

دل میں اک جذبۂ وفا لے کر
بزمِ کون و مکاں پہ چھاتا ہوں

اے وہ منزل کہ جنوں کو بھی جہاں نیند آئے
اپنے دامن کی وہاں بھی میں خبر رکھتا ہوں

برگِ ساز (غزلیں) — فاخر جلال پوری

اپنے غم کا جسے غم ہوگا وہ ہوگا کوئی
میں تو وہ ہوں کہ زمانے پہ نظر رکھتا ہوں

ان کا دعویٰ ہے کہ خورشید و قمر سب کچھ ہیں
مجھ کو یہ فخر کہ میں داغِ جگر رکھتا ہوں

زندگی اک خلشِ غم کے سوا کچھ بھی نہیں
ہر نفس کاوشِ پیہم کے سوا کچھ بھی نہیں

ستاروں سے کہو مت جگمگائیں
مریضِ ہجر کو نیند آگئی ہے

اک خاص تکلف تھا اظہارِ تمنا میں
جب اُن سے اچانک کچھ کہنے کا مقام آیا

بڑھ گئی دل کی اور بھی دھڑکن
جب کبھی تو نے مجھ کو پکارا

شاعری ہر دور میں سماجی، تہذیبی، تمدنی اور اعلا انسانی اقدارِ حیات کی امانت دار رہی ہے۔ اس نے تغیرات و تبدل کے بہت سے ہفت خواں بھی طے کیے ہیں لیکن ان تمام تر تبدیلیوں کے باوجود فنونِ لطیفہ میں اس کی اپنی شناخت آج بھی قائم ہے اور کل بھی اپنی افادیت اور انفرادیت کی چھاپ جگاتی رہے گی۔

فاخر جلال پوری کو میں عرصہ سے جانتا ہوں اور ان کی شاعری سے متاثر رہا ہوں۔ وہ جملہ اصنافِ سخن پر قدرت رکھتے ہیں لیکن ان کی شاعری کے اصل جوہر غزل میں کھلتے ہیں، جہاں وہ اپنی رعنائی خیال اور توانائی افکار سے غزل کو جگمگا دیتے ہیں۔

اُن کی نعتیہ اور مدحیہ شاعری بھی بڑی خوبیوں کی جلوہ گاہ ہے۔ وہ اسلامی تاریخ کے اہم کرداروں کے نقوش کچھ اس طرح اپنے شعری لب و لہجہ میں پیش کرتے ہیں کہ کچھ دیر کے لئے فضا مرتعش ہو جاتی ہے۔ نعتوں اور منقبتوں سے متعلق ان کے مجموعے شائع ہو کر اپنی قدر و قیمت منوا چکے ہیں۔

فاخر جلال پوری ایک سچے انسان، پکے مسلمان اور صاحبِ دل ہندوستانی ہیں۔ ان کی وطنیہ شاعری دلوں کو گرماتی اور وطن پرستی کی روح کو جگاتی ہے۔ ان کی شاعری میں دھرتی کی سوندھی سوندھی خوشبو اور وفاؤں کے طویل سلسلے کی بُو باس ہے۔

ڈاکٹر سید فضل امام
شعبۂ اردو الہ آباد یونیورسٹی
الہ آباد ۲۶/۱۱/۹۲ء